W0077284

Fitness, Fun & Action

Inline-Skating ist *der Trendsport* der letzten Jahre bei Jung und Alt. Die Freude, die jede Outdoor-Sportart bereitet, und der Fitnessgedanke vereinen sich in der Dynamik der Skate-Bewegung. Kondition und Koordination werden spielend verbessert, da der Spaß am Skaten die Anstrengung schnell vergessen lässt.

Der Spaßcharakter wird jedoch oft von der Unsicherheit bei der Geschwindigkeitsregulierung und beim Bremsen getrübt, da ebene, verkehrsfreie Strecken speziell für Inline-Skater nur selten oder gar nicht vorhanden sind. Dieser *blv coach* enthält Tipps und Tricks zum sicheren, kontrollierten Skaten und Bremsen auch unter schwierigen Bedingungen mit dem Ziel, jederzeit die möglichen Brems- bzw. Regulierungstechniken in unterschiedlichen Situationen richtig anzuwenden. Die Beherrschung dieser Techniken versetzt dich bei entsprechendem Training in die Lage, auf abwechslungs- und erlebnisreichen Strecken sicher und kontrolliert fahren zu können.

Viel Spaß beim Skaten!

Sicherheit – das A und O beim Skaten

Dieser persönliche Trainer soll zunächst dazu beitragen, mögliche Fehler und Probleme – vom Material über das Gleichgewichtsgefühl bis zu den verschiedenen Bremstechniken in unvorhergesehenen Situationen im Straßenverkehr – aufzuspüren, um dann anhand realer Alltagsbeispiele die unterschiedlichsten Lösungsmöglichkeiten aufzuzeigen. Die Beschreibung der erforderlichen Technik sowie Trainingstipps helfen bei der gezielten Umsetzung und vermitteln das gewünschte sichere Skategefühl.

Zu Beginn ist es besonders wichtig, die richtige Selbsteinschätzung deines Skatevermögens zu ermitteln. Nur wer seine persönlichen Unsicherheiten und Schwächen kritisch und ehrlich analysiert, kann gezielt an seinen technischen Defiziten arbeiten, diese beseitigen und seine Leistung verbessern.

04

Fehleranalyse und Trainingsziele

	Ja	teilweise verbesserungs- fähig	nein

Material
- Fühlst du dich in deinem Material wohl?
(Die richtige Ausrüstung, vor allem Sitz und Passform von Skates und Schützern, sorgt für Sicherheit und Spaß.) ○ ○ ○

Sicherheit im Straßenverkehr
- Sicherer Stand auf den Skates? ○ ○ ○
- Sicherheit bei wechselnden Straßenbelägen (z. B. Pflastersteine)? ○ ○ ○
- Sicherheit bei kleinen Hindernissen (z. B. Bordsteinkanten, Schienen)? ○ ○ ○
- Sicherheit in unvorhergesehenen Situationen (z. B. plötzlich auftauchender Verkehrsteilnehmer)? ○ ○ ○
- Sicherheit bei Gefälle und schmalen Wegen (Kontrolle der Geschwindigkeit)? ○ ○ ○

Bremsen
- Sicherer Stand beim Bremsen (Gleichgewichtssinn)? ○ ○ ○
- Fähigkeit der Geschwindigkeitskontrolle im Straßenverkehr (Kurven, Ampeln)? ○ ○ ○
- Ausreichende Kontrolle des Bremsweges? ○ ○ ○
- Kontrolle über die Bremswirkung? ○ ○ ○
- Sicherheit beim Bremsen mit dem Heel-Stop? ○ ○ ○
- Sicherheit beim Bremsen mit dem T-Stop? ○ ○ ○
- Sicherheit beim »Schneepflug«? ○ ○ ○
- Sicherheit beim Abschwingen? ○ ○ ○

Trainingsziele
- Ich möchte meine Technik verbessern. ○ ○ ○
- Ich möchte meine Kondition verbessern. ○ ○ ○
- Ich möchte meine Figur verbessern. ○ ○ ○

Gefühl für Sicherheit und Balance

Das Inline-Skaten stellt besonders hohe Anforderungen an den Gleichgewichtssinn, daher sind anfängliche Schwierigkeiten ganz normal.

Probleme und Fehler

Körperhaltung:

- Zu aufrechte Haltung.
- Seitliches Einknicken in der Hüfte.
- X- oder O-Bein-Stellung.
- Fußstellung zu dicht oder zu breit.

Passform der Skates:

- Schuhe zu groß oder zu klein.
- Kein Halt durch Skate-Schaft.
- Schiene nicht mittig unter den Skates montiert.

Um die Sicherheit und das Vertrauen auf den Inline-Skates zu gewinnen, sind Praxisübungen und die richtige Ausrüstung unerlässlich!

06

Dein Coach rät

- ⊙ Eine komplette Schutzausrüstung (Knie-, Ellbogen-, Handgelenk- und Kopfschutz) schafft Bewegungsvertrauen und nimmt die Angst vor Stürzen.

- ⊙ Fallen lernen verleiht Sicherheit in kritischen Situationen.

- ⊙ Überprüfung der richtigen Grundhaltung auf den Inline-Skates.

- ⊙ Schulterbreite parallele Beinstellung (gleichmäßige Belastung der Füße).

- ⊙ In die Hocke gehen (Po runter, Oberkörper leicht nach vorne).

- ⊙ Übe sicher auf einem Bein zu fahren.

- ⊙ Überprüfe Passform und Stabilität der Skates: bequemer und fester Sitz nach allen Seiten.

Grundhaltung von vorne und von der Seite

➡ Übe den Stand und das Gehen auf Rasenflächen, um den Umgang mit dem erhöhten Körperschwerpunkt zu verbessern.

➡ Mache gezielte Fallübungen auf die angelegte Schutzausrüstung: zunächst auf dem Rasen, später auf festem Untergrund (siehe Abb.).

➡ Drücke bewusst mit dem Schienbein gegen den Schaft, um die richtige Position auf den Skates sicherzustellen.

➡ Mit dem Skate an einem und dem gewohnten Laufschuh an dem anderen Fuß kann das einbeinige Geradeaus-Gleiten geübt werden (siehe Abb.).

➡ Sidesteps: Wechselseitiges Gleiten auf einem Bein durch Gewichtsverlagerung von einem Skate auf den anderen. Besonders wichtig dabei ist, möglichst lang auf einem Bein zu rollen!

➡ Unter Zuhilfenahme eines Baby-Joggers, Einkaufswagens o. Ä. fällt das Skaten wegen der zusätzlichen Stütze zunächst leichter.

➡ Übersteige imaginäre Hindernisse oder Linien während der Fahrt.

➡ Umfahre einen nicht zu eng gesteckten Slalomparcours (3–5 Meter), um den Wechsel von einer Rollenseite auf die andere zu üben (siehe Abb.).

Bremsen

Bremsen ist die Grundvoraussetzung für sicheres Skaten und bereitet dennoch den meisten Skatern zunächst erhebliche Schwierigkeiten. Mangelhafte Bremswirkung bedeutet Unsicherheit oder gar Angst und nimmt die Freude am unbeschwerten (und schnellen) Skaten. Das Bremsen in all seinen Technikvarianten kann daher nicht häufig genug geübt werden!

Im Folgenden werden vier verschiedene Bremsformen beschrieben. Der **Heel-Stop** mit fest montierter Bremse erweist sich als **die wirkungsvollste Bremstechnik**. Diese solltest du in jedem Fall beherrschen, bevor du dich in den öffentlichen Straßenverkehr begibst!

Probleme und Fehler

- Unsicherheit beim Fahren auf einem Bein (Körperschwerpunkt nicht auf dem Gleitbein).
- Zu aufrechter Stand.
- Bremsskate steht zu nah am Gleitskate (je größer die Schere, desto sicherer der Stand).
- Stopper ist nicht am bevorzugten Bremsskate.
- Zu wenig Druck auf dem Bremsstopper.

Scherstellung

TRAININGSTIPPS ALLGEMEIN

Für das Trainieren der verschiedenen Bremstechniken eignet sich am besten ein weiträumiger sicherer Platz, der frei von anderen Verkehrsteilnehmern wie Fußgänger, Radfahrer und Autos ist.

➡ Übe zuerst aus dem Stand und später aus langsamer Fahrt.

➡ Verbessere die Sicherheit beim Fahren auf einem Bein: Auf welchem Bein hast du den sichersten Stand?

➡ Ermittle deinen persönlichen Bremsskate.

➡ Achte auf eine sichere Grundposition vor Einleitung des Bremsvorganges (siehe S. 06/07).

➡ Steigere deine Geschwindigkeit und Bremsintensität stetig.

➡ **Um für den Notfall gerüstet zu sein, solltest du das Stürzen auf die Schutzausrüstung üben.**

Heel-Stop

Dein Coach rät

- ⊙ Verstärkung der Kniebeugung des Gleitbeines und Absenken des Körperschwerpunktes (Po raus, Oberkörper runter!).

- ⊙ Entlastung des Bremsbeines durch Gewichtsverlagerung auf das Gleitbein.

- ⊙ Der Bremsskate »überholt« den Gleitskate.

- ⊙ Bremsskate über letzte Rolle nach hinten auf den Stopper abkippen, Bremsbein langsam nach vorne strecken und Druck durch Gewichtsverlagerung auf Bremsskate zunehmend verstärken.

- ⊙ Je größer der Druck auf den Bremsstopper, desto sicherer das Stehenbleiben vor möglichen Hindernissen.

TRAININGSTIPPS

➡   Die richtige stabile Brems-
position erlangst du durch
Aufstützen der Hand auf das
Bremsknie.

➡   Gehe mit deinem gesamten
Körper in die Hocke (Po raus,
Oberkörper runter).

➡   Gewicht auf Gleitbein verla-
gern, anschließend Bremsskate
spielend neben Gleitbein vor-
und zurückschieben.

➡   Als Gleichgewichtshilfe einen
Einkaufswagen oder den
(anschiebenden) Partner in die
Übung einbeziehen.

➡   Übe wiederholt verstärkendes
Abbremsen mit Hilfe einer
imaginären Linie, um ein
Gefühl für Technik und Bremswirkung zu bekommen.

➡   Maximale Bremswirkung
erzielst du durch die Druck-
unterstützung deiner Hände,
die von oben auf das Bremsknie gestemmt werden.

T-Stop

Für Fortgeschrittene bietet sich der T-Stop als ergänzende Bremsmöglichkeit an. Aufgrund der vergleichsweise geringen Bremswirkung eignet er sich insbesondere zur frühzeitigen Geschwindigkeitskontrolle bei auftauchenden Verkehrshindernissen. Wie beim Trainieren des Gleichgewichtsgefühls (siehe S. 06/07) ist auch hier das Einbeinfahren eine unabdingbare Voraussetzung.

Probleme und Fehler

- Unsicheres Einbeingleiten.
- Quergestellter Bremsskate setzt nicht hinter dem Gleitskate auf, sondern daneben.
- Fehlende Oberkörperspannung, um der Bremskraft entgegenzuwirken.

Dein Coach rät

⦿ Das Gewicht wird auf das Gleitbein verlagert, das Bremsbein mit den Rollen quer zur Fahrtrichtung hinter dem Gleitbein aufgesetzt.

⦿ **Wichtig:** Setze dein Bremsbein hinter das Gleitbein zunächst mit leichtem Bodenkontakt auf und halte deinen Oberkörper bewusst in Fahrtrichtung unter Spannung, um eine seitliche Drehung durch das Bremsbein zu verhindern.

⦿ Setzt das Bremsbein seitlich hinter dem Gleitbein auf, so ist ein Verdrehen möglich und bei zügiger Fahrt der Sturz sicher.

TRAININGSTIPPS

➡ Übe die Grundhaltung im Stand.

➡ Gleite auf dem Gleitbein und bringe das Bremsbein hinter das Gleitbein, ohne deine Richtung zu ändern.

➡ Übe diesen Ablauf so lange, bis du spielend mit dem Bremsbein hinter dem Gleitbein Auf- und Abbewegungen durchführen kannst.

➡ Setze das Bremsbein quer zur Fahrtrichtung hinter das Gleitbein auf und spiele mit dem Druck auf den Bremsskate.

T-Stop

Schneepflug-Bremse

Der Schneepflug kommt vom Skifahren. Zur Verringerung der Geschwindigkeit werden die Beine gegrätscht und die Skates mit der Ferse leicht nach außen gestellt. Hilfreich ist diese Bremstechnik bei eher langsamen Geschwindigkeiten.

Dein Coach rät

⊙ Sicherer Beidbeinstand.

⊙ Beine gestreckt auseinander führen. Achte auf verstärkten Druck in der Ferse, denn bereits beim Auseinanderführen der Skates beginnst du zu bremsen.

⊙ Sind deine Beine gegrätscht, zeigen die Fußspitzen leicht zueinander und über die Ferse wird kräftig nach außen gedrückt.

Schneepflug

⊙ **Achtung:** Gleichgewicht nach vorne und hinten nicht verlieren!

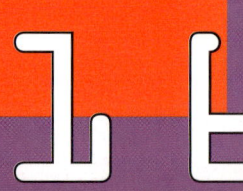

TRAININGSTIPPS

➡ Übe mit einem Partner, an dessen Hüften du dich festhältst (siehe Abb.).

➡ Stehe sicher auf beiden Skates in deiner Grundposition.

➡ Lass die Skates langsam nach außen gleiten.

➡ Achte stets auf die richtige Skatestellung: Fußspitzen zeigen immer leicht nach innen – nach außen gestellte Fußspitzen führen zum Sturz!

➡ Verstärke den Druck über die Fersen nach außen und behalte diese Position ein, bis du zum Stehen gekommen bist.

Richtungswechsel (Abschwingen)

Eine Bremstechnik, die ebenfalls vom Skifahren, nämlich vom Carven, bekannt ist. Durch ständig neue Richtungswechsel wird die Geschwindigkeit verringert. Für diese Technik benötigst du zu Beginn sicher eine volle Straßenbreite. Diese Bremstechnik kommt sowohl bei Bergabfahrten als auch auf der Geraden zum Einsatz. Grundvoraussetzung für diese Technik ist das parallele Slalom- oder Kurvenfahren.

Probleme und Fehler

- Fehlende Sicherheit beim Kurvenfahren.
- Mangelnder Kanteneinsatz der Skates (Kurvenlage).
- Kurveninnerer Skate wird nicht belastet.
- Angst vor dem Umknicken auf den Skates.

Dein Coach rät

- ◉ Bogeninneren Skate parallel versetzt voranstellen und den Körper in die Kurve fallen lassen. **Wichtig:** Nicht in der Hüfte einknicken!

- ◉ Fahren einer starken Kurve quer zur Fahrtrichtung, wobei im Verlauf des Bogens der Druck auf die Innenkante des nachgestellten Skates verstärkt wird.

- ◉ Den Kreis je nach gewünschter Bremswirkung ausfahren und in den nächsten Bogen hineinfallen lassen.

TRAININGSTIPPS

➡ Übe an einem leichten Gefälle in aufrechter Haltung, strecke beide Arme aus wie ein Vogel und nimm eine leicht versetzte Schrittstellung ein.

➡ Verlagere dein Gewicht auf die dem Skate vorangestellte Seite, indem du mit dem Arm wie ein Vogel in die Kurve »fliegst«.

➡ Häufige Richtungswechsel schaffen das Vertrauen, auf Außen- und Innenkante zu stehen.

➡ Übe das Slalomfahren um einen eigens gesteckten Parcours (s. S. 09).

➡ Fahre zu Beginn den Bogen immer zum Abschluss, bevor du mit einem neuen Bogen beginnst, um somit die Kontrolle über die Geschwindigkeit zu bewahren. Ein Anhalten ist somit jederzeit möglich.

Unvorhergesehene Situationen

Bedingt durch die eingeschränkten Bremsmöglichkeiten, die geringere Stabilität und die fehlende Pufferzone stellt das Inline-Skaten eine erhöhte Anforderung an das vorausschauende Fahren des Skaters. Ein besonderes Augenmerk solltest du dabei auf parkende und fahrende Autos, Hauseingänge, Garageneinfahrten, spielende Kinder und Hunde legen.

Probleme und Fehler

- Unkontrollierte Fahrweise.
- Mangelnde Wachsamkeit.
- Unangemessene Geschwindigkeit.
- Falsche Kurven- und Bremstechnik.

Dein Coach rät

- ◎ **Im Zweifelsfall oder in Notsituationen immer nach rechts ausweichen (von Straße und Gefahrenzonen entfernen)!**

- ◎ Die eigene Geschwindigkeit muss immer dem individuellen Fahrkönnen angepasst sein.

- ◎ Um flexibel reagieren zu können, musst du die Bremstechniken sicher beherrschen (siehe S. 10–19).

- Generell gilt der Grundsatz: **Richtungsänderung vor Bremsmanöver**. Soweit es möglich ist, solltest du durch Kanteneinsatz und Kurvenfahren ein abruptes Bremsen vermeiden.

- Gezielte Wahl der »Ausweichaktion«:
  - Reines Ausweichmanöver bei unmittelbar bevorstehender Gefahrenquelle.
  - In mittlerer Entfernung: Gefahr erkennen – Geschwindigkeit reduzieren und evtl. anbremsen – ausweichen – Bremsvorgang zu Ende führen.

⊙ Im Notfall **kontrolliert auf die Schutzausrüstung fallen** oder auf eine Wiese ausweichen, um einen Zusammenstoß zu vermeiden.

22

TRAININGSTIPPS

➡ Trainiere das Slalomfahren, um die Sicherheit beim schnellen Richtungs-wechsel zu verbessern (siehe S. 09).

➡ Übe möglichst viele Bremsformen: Neben dem Heel-Stop solltest du in jedem Fall den T-Stop beherrschen; die anderen Bremstechniken wie Schneepflug und Richtungswechsel sollten nach und nach geübt werden.

➡ Baue immer wieder schnelle Richtungswechsel in dein Skate-Programm ein.

➡ Erhöhe deine Reaktionsbereitschaft und Flexibilität beim Skaten durch spielerische Variationen (Einbeinfahren, Hoch-Tief-Bewegung, Partner-übungen, Hockey etc.).

Begegnung mit einem Hund

Oftmals werden Hunde durch das plötzliche Auftauchen von Inline-Skatern über-
rascht. Die schnelle Bewegung sind sie nicht gewohnt und erkennen rollende
Personen als »flüchtende Beute« an.

Dein Coach rät

- ◉ Verhalte dich immer defensiv, versuche Konfrontationen in jedem Fall zu vermeiden.

- ◉ Durchfahre Ortschaften, Siedlungen und Spiel-
straßen in langsamem Tempo.

- ◉ Kreuzt dein Weg einen Bauernhof, so passiere
diesen in mäßiger Geschwindigkeit.

- ◉ Überholst du Spaziergänger mit Hunden, reduziere
deine Geschwindigkeit und kündige dich durch
Rufen oder Pfeifen an, so dass diese sich dem-
entsprechend verhalten können.

- ◉ Versuche selbst Situationen einzuschätzen und
halte im Notfall an, bis der Hund sich beruhigt hat.

- ◉ Wirst du von einem Hund verfolgt, ergreife niemals
die Flucht!

Bergabfahren

Das Gefälle ist für jeden Skater eine Herausforderung, da hier höchste Ansprüche an die Geschwindigkeitskontrolle gestellt werden. Wichtigste Grundregel ist: **Lass dich nie zu unnötigen Risiken verleiten!** Wer den Streckenverlauf nicht kennt, sich unsicher auf seinen Skates fühlt und die Kurven- und Bremstechniken noch nicht beherrscht, sollte lieber die Skates ausziehen und zu Fuß gehen!

Dein Coach rät

- ◉ Übe das Bergabskaten grundsätzlich zunächst an leicht abschüssigen kurzen Abschnitten, bevor du dich längeren und steileren Abfahrten stellst.

- ◉ Fahre immer nur so schnell, dass du die Geschwindigkeit kontrollieren und kurzfristig abbremsen kannst.

- ◉ Solltest du die Kontrolle über das Tempo verlieren, weiche immer nach rechts aus, um nicht mit dem Straßenverkehr zu kollidieren.

- ◉ Beim Bergabskaten mit ausreichender Ausrollzone verbesserst du deine Stabilität durch Einnahme der Abfahrtshaltung. Dazu tief in die Hocke gehen, den Oberkörper leicht nach vorne beugen und beide Skates gleichmäßig belasten.

> ◉ Die wirksamste Bremstechnik bergab ist der Heel-Stop (siehe S. 12). Nur wer diesen sicher beherrscht, kann auch Gefälle und kritische Situationen sicher meistern. Im Zweifel solltest du dich immer für diese Bremsform entscheiden.

Abfahrtshocke

Abschwingen

Für geübte Fahrer eignet sich bei breiten Abfahrten das dem Ski-Bremsschwung verwandte Abschwingen (siehe auch S. 18). Dabei wird mit den parallel gehaltenen Skates (bogeninnerer Skate nach vorne) ein Slalom unter extremem Einsatz der »Rollenkanten« gefahren.

Kurvenlage

TRAININGSTIPPS

➡ Für das effektive Bremsen wiederhole die Übungen zum Richtungswechsel (Abschwingen), Seite 18.

➡ Für das Abschwingen am Berg eignet sich besonders die Übung des Slalomfahrens, ggf. mit Hilfe einer gezogenen (Kreide-)Linie oder von Hütchen (Seite 09):
 – Zunächst parallele Fußstellung, dann Beine zunehmend versetzen (im Wechsel).
 – Bogenlänge und -radius variieren (Kurven immer enger fahren).
 – Bewusst den Körper in die Kurve fallen lassen (wichtig: Hüfte und Schulter zum Kurvenmittelpunkt drücken).
 – Den Druck auf die Rollenkanten durch Kurvenlage verstärken, bis ein leichtes »Kratzen« der Rollen zu hören ist.

Unterschiedliche Straßenverhältnisse

Gerade auf Straßen und Wegen, die der Skater mit anderen Verkehrsteilnehmern teilen muss, kann ein Sturz durch unerwartete Straßenverhältnisse oder ein übersehenes Hindernis fatale Folgen haben. Die nötige Sicherheit lässt sich nur durch ausreichende Fahrpraxis erlernen. Übung macht hier den Meister und erleichtert den Umgang mit wechselnden Bodenbeschaffenheiten.

Angepasste Skate-Technik

Bordsteinkanten:

- ⊙ Abbremsen und langsam frontal auf- bzw. absteigen. Dabei auf Gewichtsverlagerung nach vorne achten, um ein Sturzrisiko nach hinten zu vermeiden.

- ⊙ Bei höherem Tempo und sicherer Fahrweise parallel anfahren und seitlich auf- bzw. absteigen.

Kopfsteinpflaster:

⊙ Die Überquerung von Kopfstein-
pflasterpassagen (z. B. Garageneinfahrten) gelingt am sichersten in
mittlerem Tempo, mit leicht parallel
versetzter Beinstellung bei gleich-
mäßiger Belastung beider Skates.

⊙ Wichtig ist eine tiefe Kniebeugung,
um die Unebenheiten leichter ab-
federn zu können.

Split, Sand, rauer Asphalt:

⊙ Mit leicht versetzter paralleler
Beinstellung einfach drüberrollen,
bei längeren Abschnitten mit
kurzen Schritten abstoßen.

⊙ Tiefen oder weichen Untergrund
mit kleinen Schritten durchschreiten
(nicht rollen, sondern gehen).

⊙ Den kraftvollen Abdruck zur Seite
lieber vermeiden.

Kleine Hindernisse:

⊙ Hindernisse in Fahrtrichtung wie Schienen oder Bordsteinkanten seitlich
übersteigen.

⊙ Hindernisse quer zur Fahrtrichtung in leicht versetzter paralleler
Beinstellung überrollen oder bei sehr langsamer Fahrt mit einem Schritt
nach vorne übersteigen.

Nässe:

- ⊙ Insbesondere bei einsetzendem Regen vorsichtig und wachsam fahren. Es bildet sich sehr schnell ein gefährlicher Schmierfilm. (Autofahrer kennen das Problem unter dem Begriff Aquaplaning!)

- ⊙ Meide kraftvolle und lange Abdrücke; kleine und kurze Schritte möglichst unter deinem Körper sorgen für einen sicheren Stand und eine effektive Fortbewegung.

Treppen:

- ⊙ Treppenauf- und -absteigen nur mit Hilfe eines Geländers. Mit Blick auf die Treppe Stufe für Stufe hinauf- bzw. hinabsteigen. Dabei ist es wichtig, mit den vorderen Rollen den folgenden Treppenabsatz zu berühren.

- ⊙ Auf eine Gewichtsverlagerung nach vorne achten, um ein Sturzrisiko nach hinten zu vermeiden.

➡ Grundvoraussetzung ist das sichere Einbeinfahren (siehe Abb.)!

➡ Auf sicheren weiträumigen Flächen imaginäre Linien oder Hindernisse übersteigen.

Tipps für den ersten Skate-Ausflug

Erlebnis, Spaß und sportliches Training lassen sich durch das Inline-Skaten wunderbar miteinander verbinden. Skaten stärkt das Herz-Kreislauf-System, formt den Körper im Sinne eines Body-Shapings und ermöglicht eine Gewichtsreduktion – all das bei einer vergleichsweise geringen Gelenkbelastung durch das schonende Rollen und Gleiten. Um den ersten Skate-Ausflug zu einem positiven Erlebnis zu machen oder das Training auf Inline-Skates auch wirklich sinnvoll gestalten zu können, solltest du jedoch ein paar Dinge beachten:

1. Vorbereitung

- Achte auf den bequemen Sitz deiner Skates.
- Spezielle Inline-Socken verhindern die Blasenbildung.
- Vergiss niemals die Schutzausrüstung wie Hand-, Knie- und Ellbogenschoner. Der Helm ist Bestandteil der Grundausrüstung!
- Inline-Werkzeug (Inbusschlüssel) sollte insbesondere der Strecken-Skater immer dabei haben. Der Verlust einer Rolle führt zu einem frühzeitigen Ende der Tour!
- Eine Trinkflasche mit Wasser oder Apfelschorle sowie Energieriegel, Bananen oder eine leichte Brotzeit sorgen für eine neue »Betankung« des Körpers bei oder nach einer längeren Strecke.

2. Streckenauswahl

- Inline-Skater sind Fußgänger und dürfen nicht auf offiziellen Straßen skaten, dennoch werden diese auf Promenaden, Rad-, Wald- und Flurwegen geduldet.
- Spezielle Inline-Guides helfen dir bei der Suche nach geeigneten Strecken.

3. Verhalten unterwegs

- Aufgrund der Gesetzeslage (Inline-Skater sind Fußgänger) bist du als Verkehrsteilnehmer besonders gefordert.
- Behalte das umliegende Geschehen im Blick und sei jederzeit bremsbereit. Rechne damit, dass andere Verkehrsteilnehmer dich nicht sehen oder deine Geschwindigkeit falsch einschätzen.
- Beharre nicht auf dein Recht, denn du hast nicht wirklich eines! Meide Konfrontationen, verhalte dich gegenüber anderen Verkehrsteilnehmern eher defensiv – du kannst nur gewinnen!

4. Richtig skaten auf langen Strecken

- Für eine lange Skate-Strecke solltest du sicher und wendig auf den Skates sein.
- Kondition und Kraft sollten ausreichen, um über einen längeren Zeitraum zu skaten. Prüfe immer wieder deine Bereitschaft zu bremsen. Bist du müde, verlierst du ganz schnell die Kontrolle über deinen fahrbaren Untersatz.
- Regelmäßige Pausen unterstützen deine Sicherheit und die Reaktionsfähigkeit.
- Um Kraft zu sparen, lege wie ein Eisschnellläufer deine Arme auf den Rücken: erst einen, und wenn du dich sicher fühlst, den zweiten. **Achtung:** Dies gilt nur für jene, die sicher auf den Rollen stehen, denn ein möglicher Sturz könnte ohne den Einsatz der abstützenden Hände fatale Folgen haben!
- Senkst du den Körper ein wenig ab (Po runter), kannst du noch mehr zur Seite drücken und dein Skate-Schritt wird noch effektiver!

Beherzigst du alle diese Punkte, steht deinem persönlichen Fitness-Erfolg nichts mehr im Wege. Je sicherer du dich auf den Skates bewegst, desto stärker greift das Gefühl der »Lust nach mehr«. Neben dem lautlosen Dahingleiten in der Natur und der spielerischen Art und Weise, eine bestimmte Strecke bewältigt zu haben, stellt sich ein Gefühl des Glücks, der Zufriedenheit und des Wohlbefindens ein.

Adressen und allgemeine Infos

Informationen über Events und Veranstaltungen

Inline Connection
Noeggerathstr. 17, D-53111 Bonn
Tel. +49+228-66 20 44 / Fax +49+228-66 20 42 /
www.inlinecup.de

Start Production
Spittelberggasse 3 Top 14, A-1070 Wien
Tel. +43+1-524 68 00-0 / Fax +43+1-524 68 02 /
www.inline-marathon.at

Iguana AG
Seestr. 9, CH-8805 Richterswil
Tel. +41+1-786 72 00 / Fax +41+1-786 72 01 / www.iguana.ch

Die größten Night-Skating-Veranstaltungen

Berlin	www.bladenightberlin.com
Bonn	www.bonnskating.de
Dresden	www.nachtskaten-dresden.de
Frankfurt	www.skategreat.de/tns
München	www.munichniteskate.de
Paris	www.pari-roller.com

Wichtige Internetadressen

www.inlinenews.de
www.inline-online.de

www.skating.com
www.skategrrl.com

Verbände

D.I.V.
Deutscher Inline Skate Verband e.V.
Bergstr. 20, D-64342 Seeheim-Jugenheim
Tel. (06257) 96 22 36 /
Fax (06257) 96 22 32 / www.d-i-v.de

DRIVe
Deutscher Rollsport und Inline Verband e.V.
Sternengasse 5, D-89073 Ulm
Tel. (0731) 664 14 /
Fax (0731) 960 35 17